Colibrigami

ORIGAMI
Animales Kawaii

Este libro fue diseñado por un pequeño equipo de entusiastas. Siéntase libre de dejarnos un comentario en Amazon, su opinión cuenta para nosotros. Muchas gracias, muchas gracias.

S0-BTT-615

Introducción

El origami es nativo de China y se ha popularizado en Japón. Es el arte de doblar el papel. En japonés, «ori» significa doblar y «gami» significa papel.

¿Qué tiene de bueno doblar papel?

El tipo de plegado de papel del que estamos hablando no es lo mismo que simplemente doblar un pedazo de papel y ponerlo en nuestro bolsillo. Se trata de doblar papel para hacer pájaros, mariposas, flores, perros, gatos e incluso cajas. El origami es más que un simple papel para doblar. Es la transformación del papel. Es la magia del papel. ¡Es un arte!

El origami puede variar desde súper complejo con patrones realistas hasta patrones simples que son más fáciles de doblar. Tan complejos como son, estos modelos requieren de pliegues cuidadosamente planeados, como las pinceladas en un lienzo.

El origami es un hobby para jóvenes y viejos por igual. Puede ser fácil o difícil, dependiendo de la complejidad del patrón. Puede ser relajante dependiendo de las razones por las que quieras doblarlo. Puede ser divertido, sin importar su edad o nivel. Finalmente, siempre es mágico.

¿Listo para doblar tu propio origami?

La elección del papel

La elección del papel adecuado para tu proyecto de origami depende de la complejidad de tu diseño y del aspecto general que quieras conseguir. Para los principiantes, el papel washi tradicional y el papel de origami de una sola cara son la elección ideal porque son fáciles de doblar y están disponibles en una gama de colores y patrones que le permitirán ser verdaderamente creativo.

Otra cosa que hay que considerar al elegir el papel de origami correcto es el tamaño. Antes de doblar y tallar, necesitas tener una idea del tamaño que quieres que tenga tu creación final.

En general, los pequeños trozos de papel crean patrones más delicados, mientras que los grandes trozos de papel crean esculturas más grandes y audaces. Cuando estás empezando, una pieza cuadrada estándar tradicional es perfecta.

Pero no olvides que también hay papeles de forma triangular y circular. Diviértete con ellos y experimenta para encontrar tu papel favorito.

Una breve guía para empezar

Este código internacional, inspirado en las obras del artista japonés Akira Yoshizawa, permite la difusión de modelos en un lenguaje universal y facilita su realización.

Dobla hacia adelante

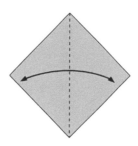

Doblar y desplegar hacia adelante

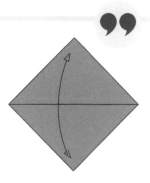

Doblar y desplegar al revés

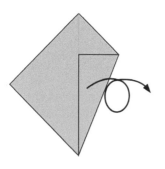

Devuelva el modelo

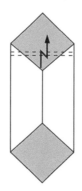

Plegado de acordeón

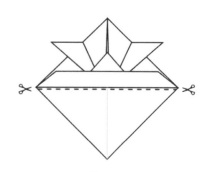

Corte

Una breve guía para empezar

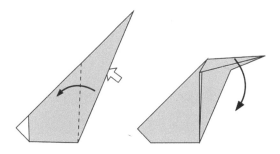

Pliegue interno inverso

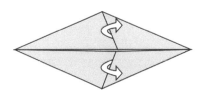

Pliegue aplastado

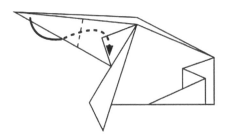

Pliegue interno presionado

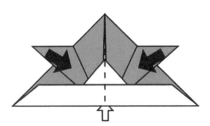

Pliegue prensado

Hay otros símbolos para hacer figuras mucho más complejas pero en este libro sólo presentamos los correspondientes a los modelos a realizar. De esta manera será más fácil para ti iniciarte o continuar entrenando en el arte del Origami.

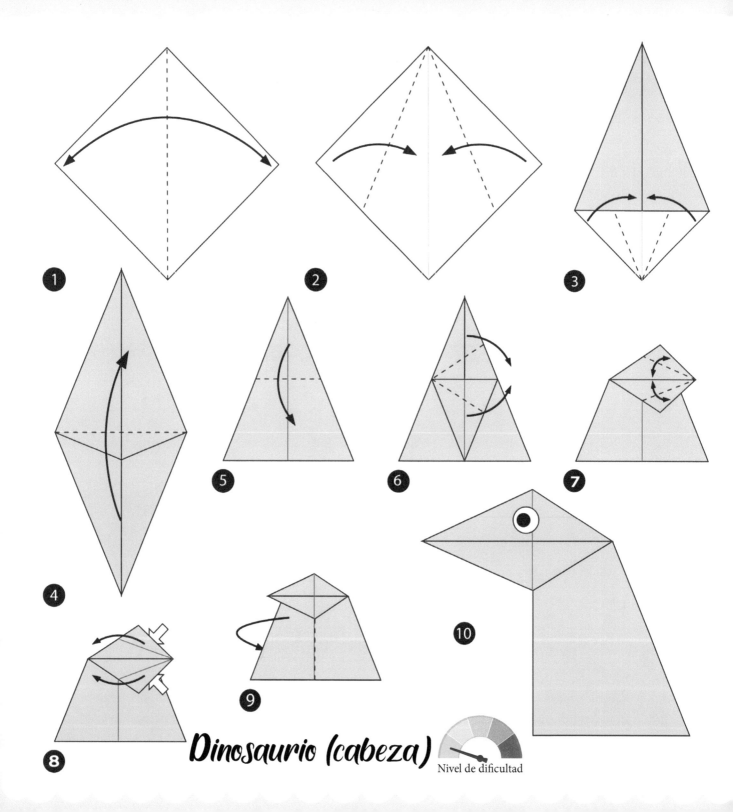

Dinosaurio (cabeza)

Nivel de dificultad

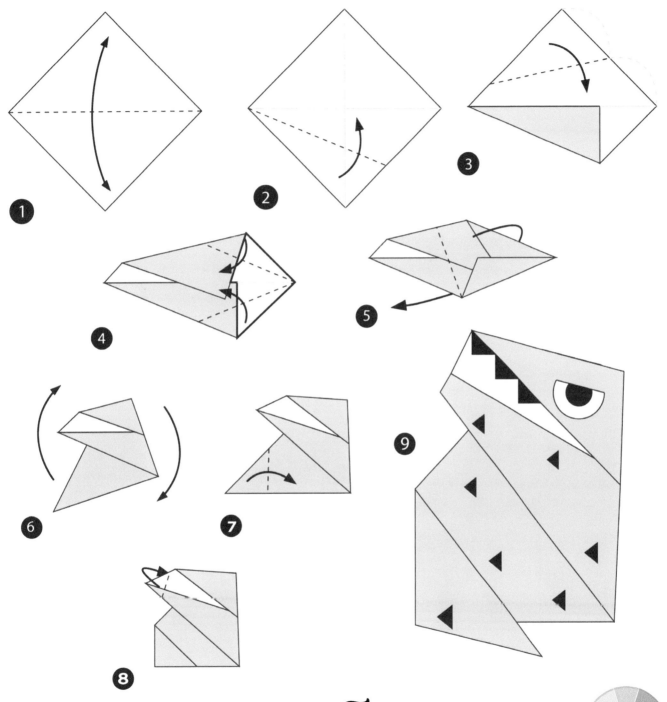

Tiranosaurio

Gato siamés

Nivel de dificultad

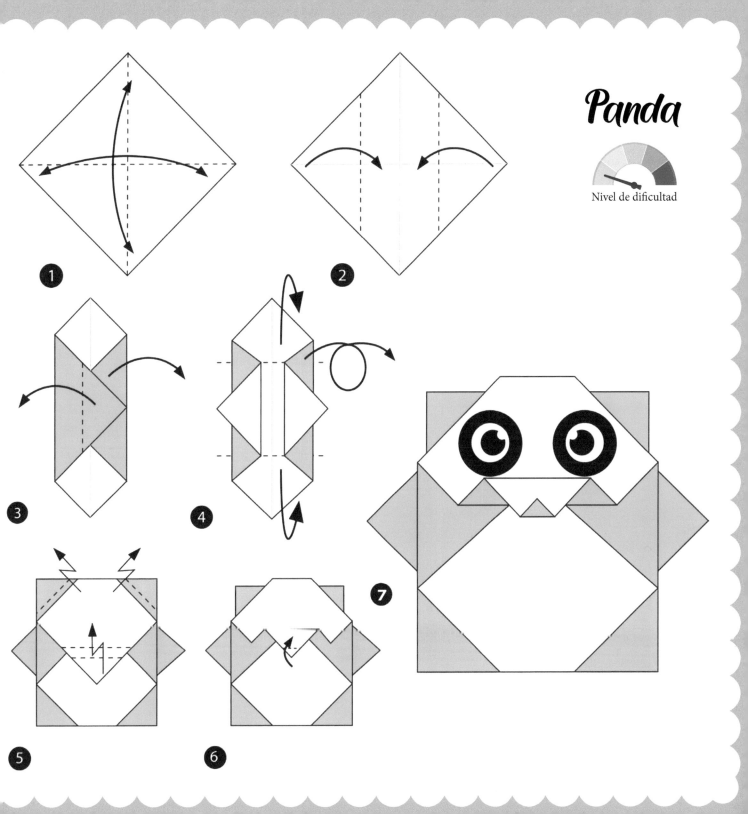

Panda

Nivel de dificultad

1 2 3 4 5 6 7

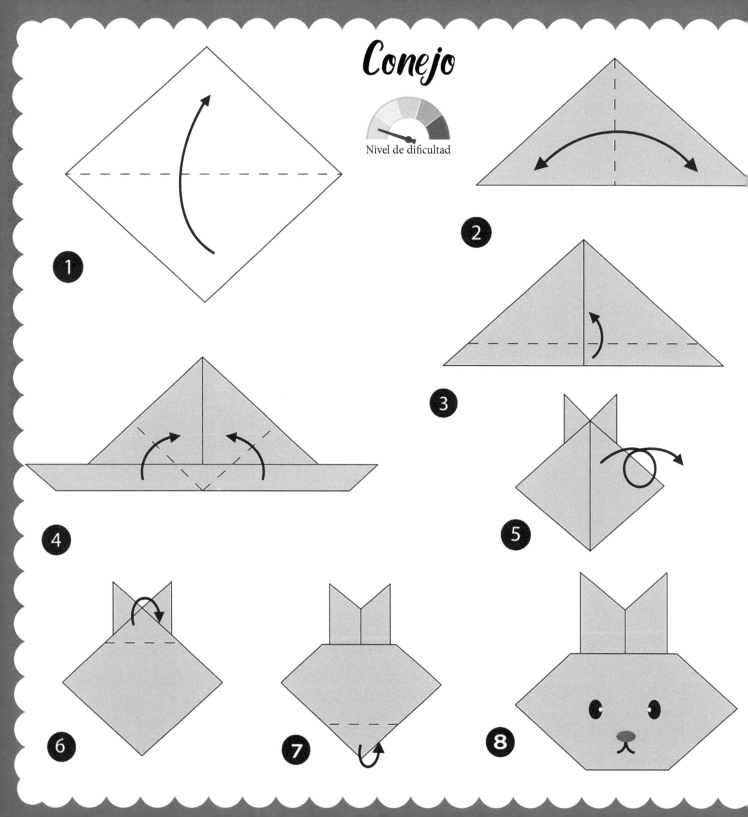

Conejo

Nivel de dificultad

1

2

3

4

5

6

7

8

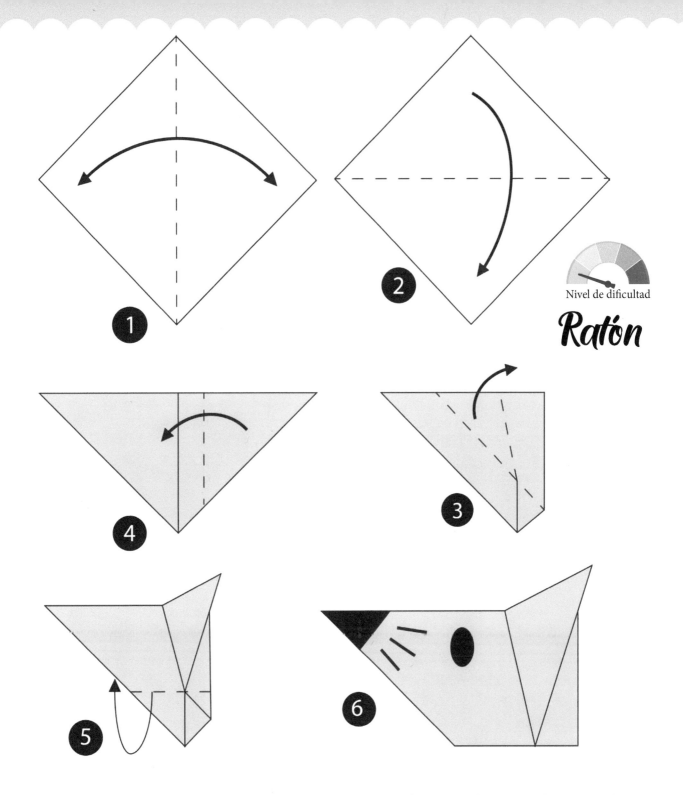

Nivel de dificultad

Ratón

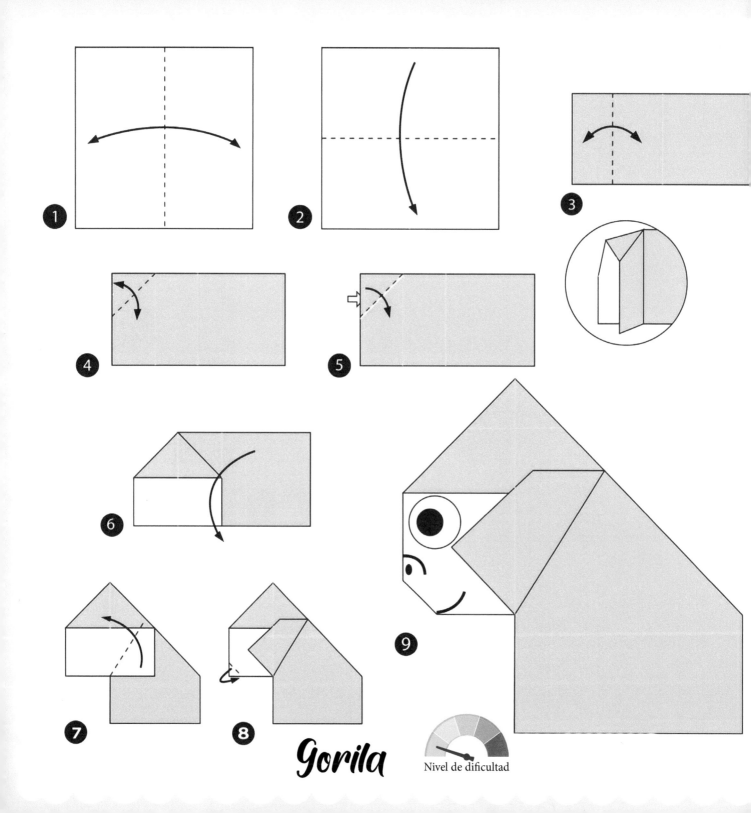

Gorila

Nivel de dificultad

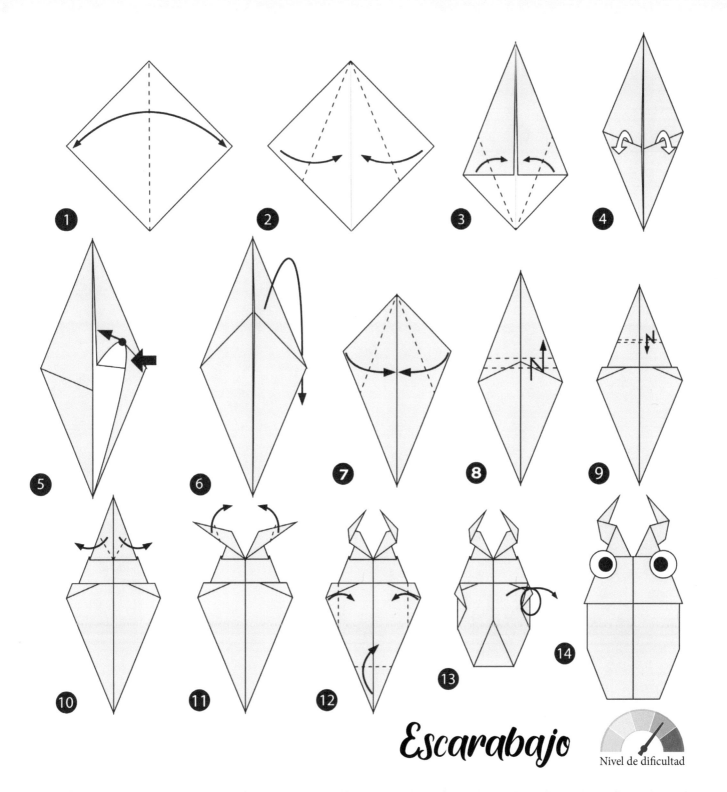

Escarabajo

Nivel de dificultad

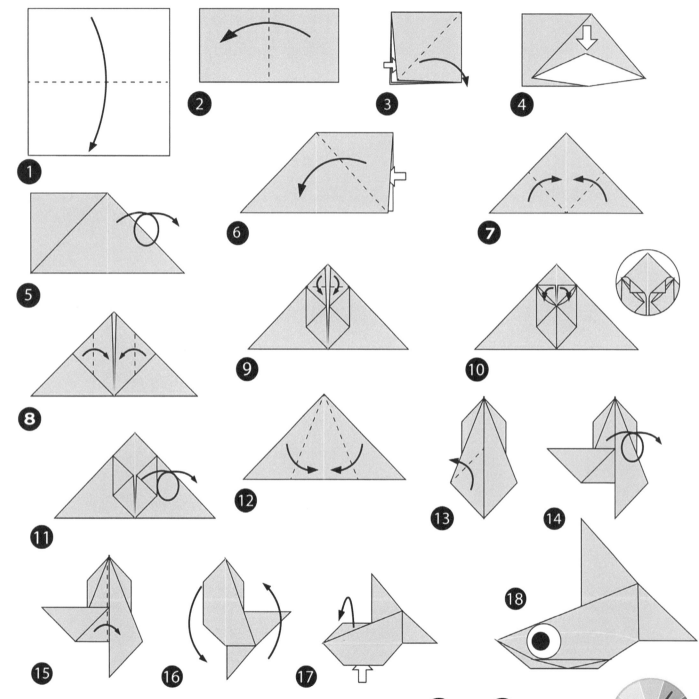

Pez Betta

Cigarra

Nivel de dificultad

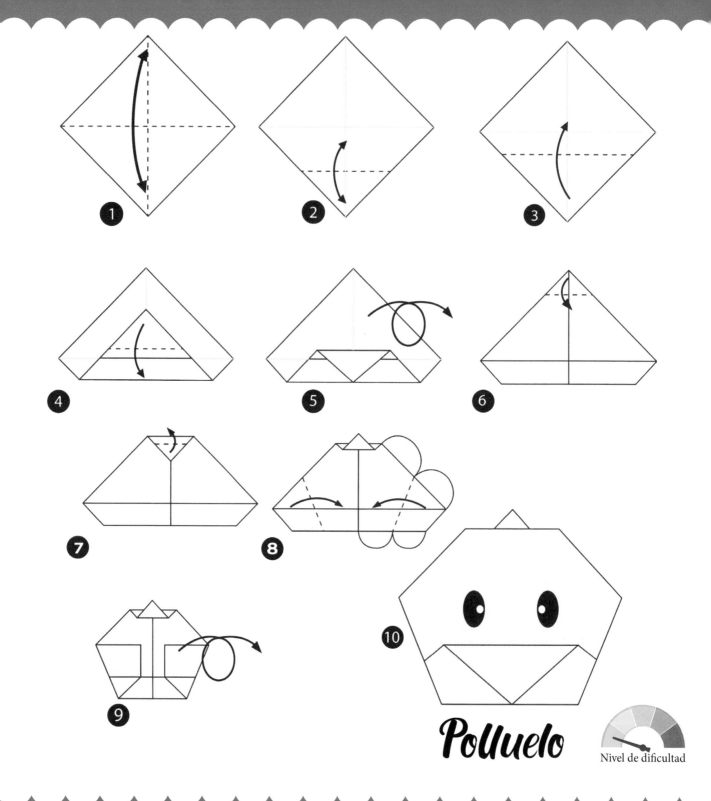

Polluelo

Nivel de dificultad

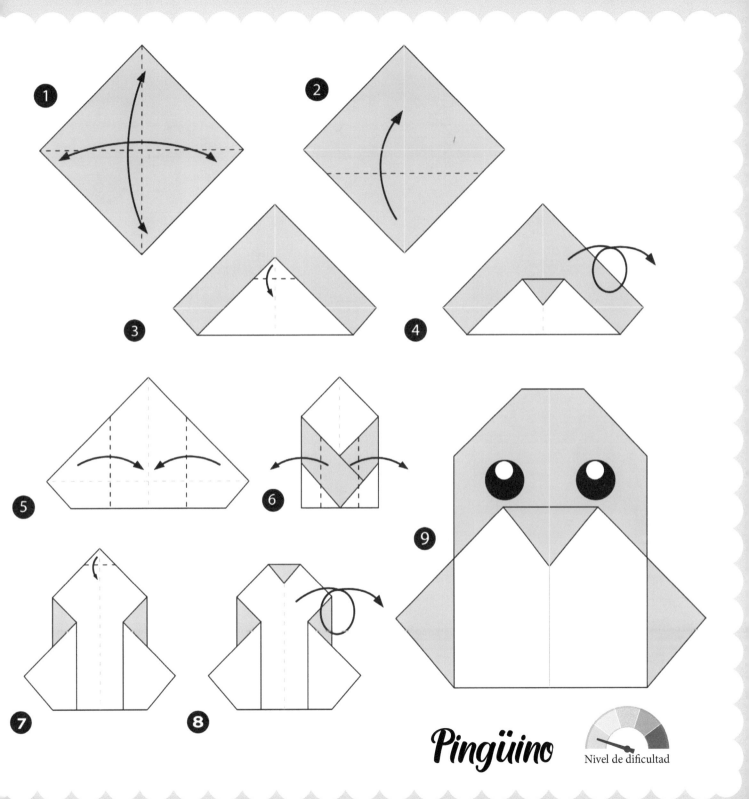

Pingüino

Nivel de dificultad

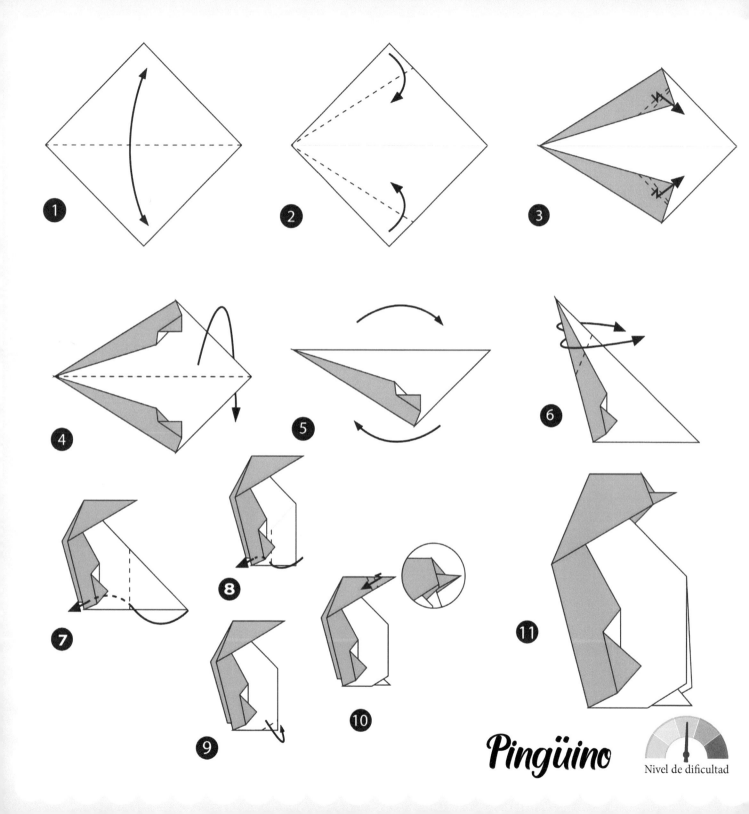

Pingüino

Nivel de dificultad

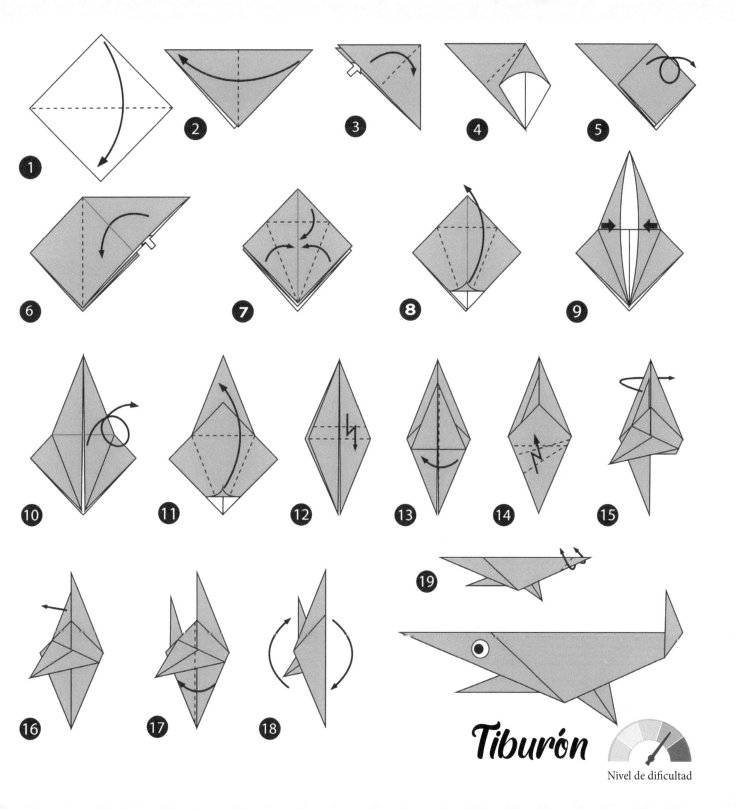

Tiburón

Nivel de dificultad

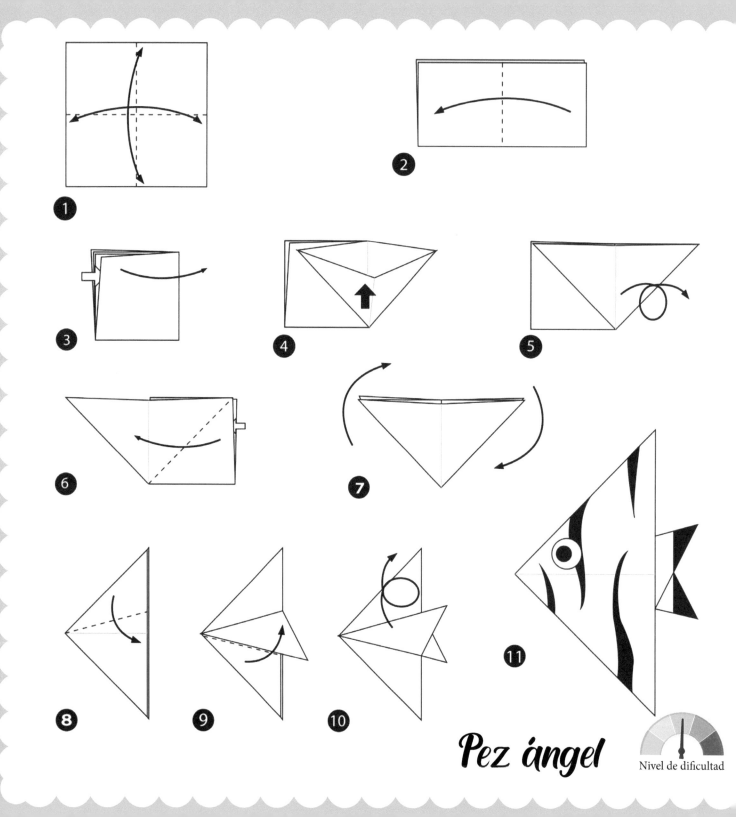

Pez ángel

Nivel de dificultad

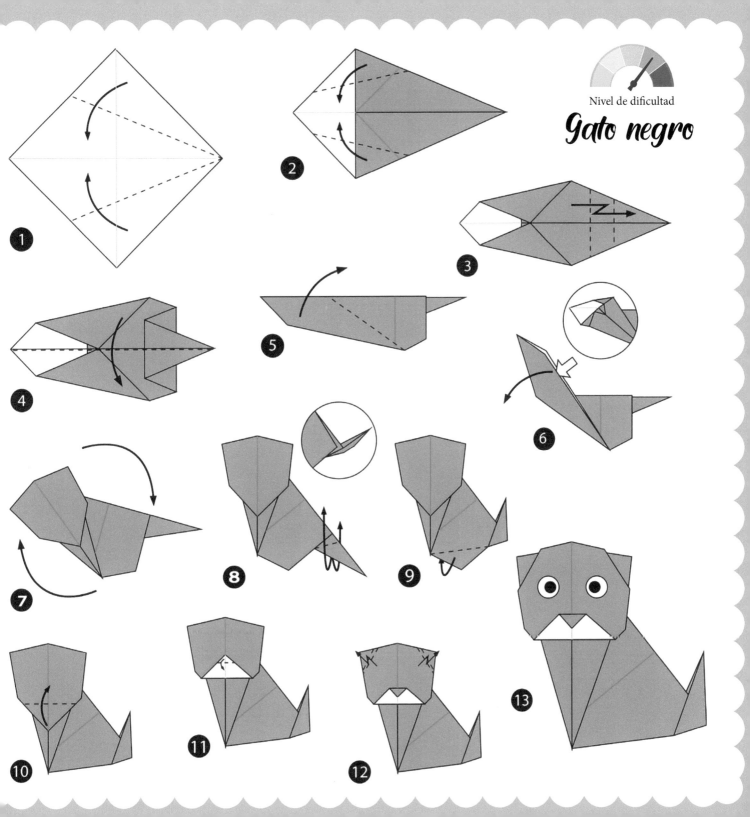

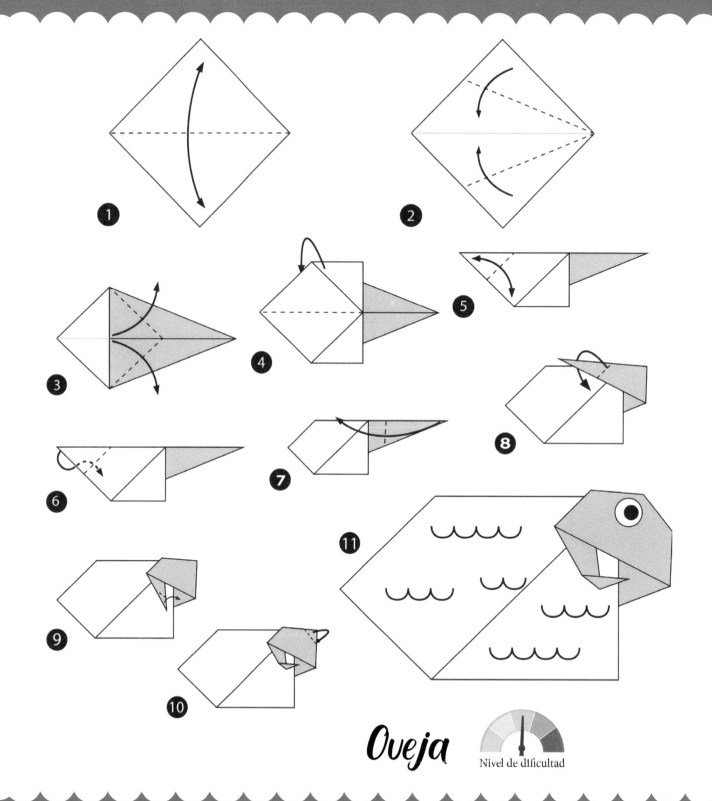

Oveja

Nivel de dificultad

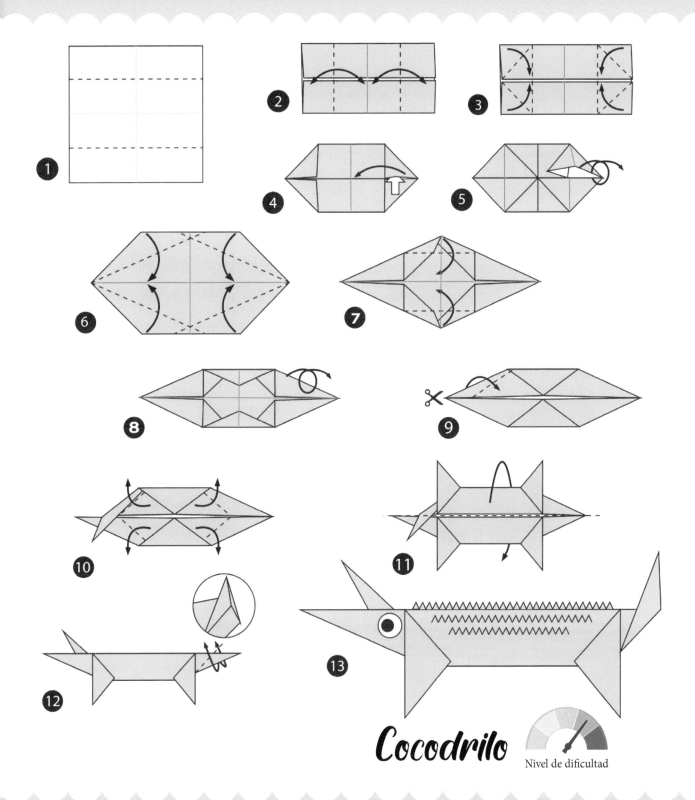

Cocodrilo

Nivel de dificultad

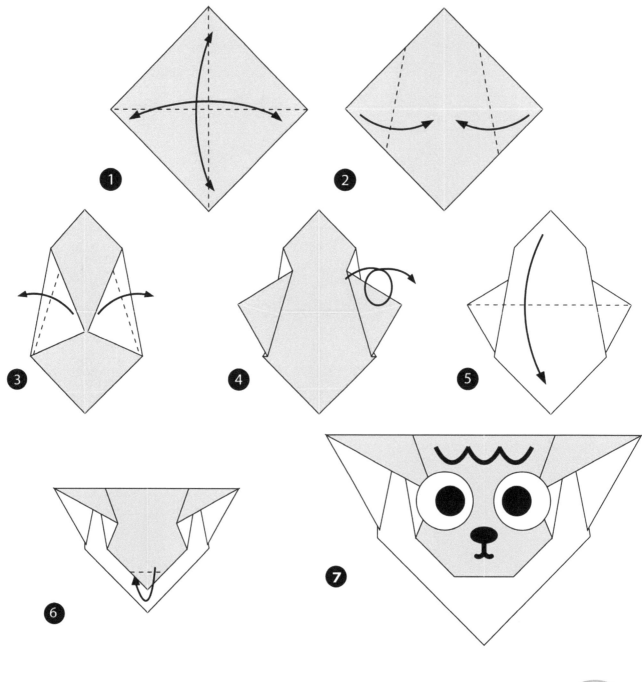

Oveja (cabeza)

León marino

Nivel de dificultad

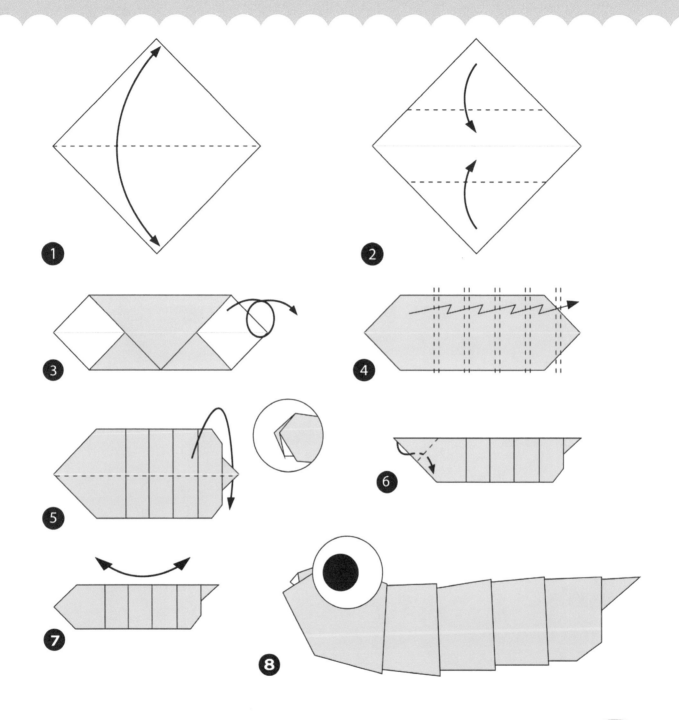

Gusano

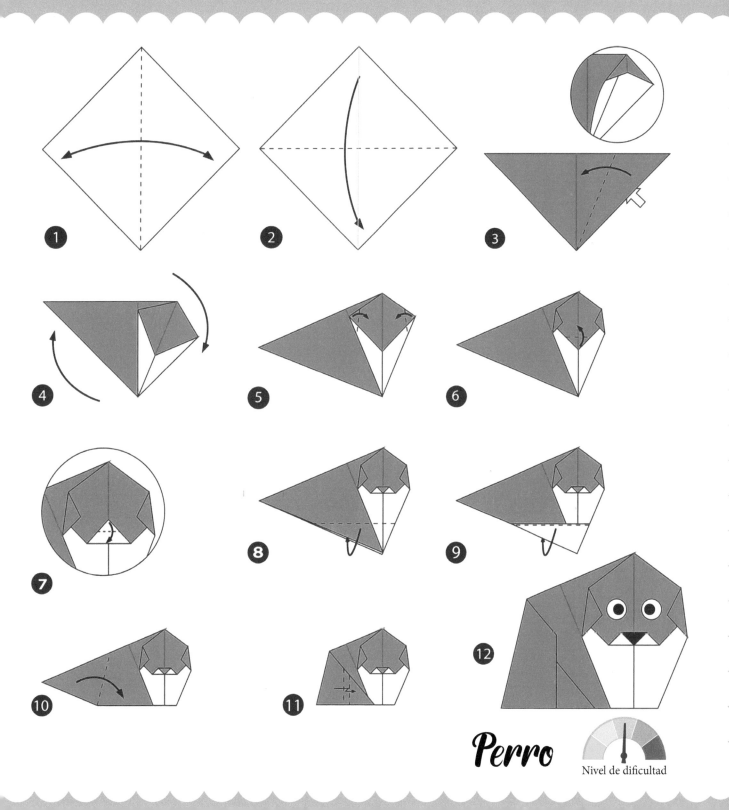

Perro

Nivel de dificultad

Cangrejo

Nivel de dificultad

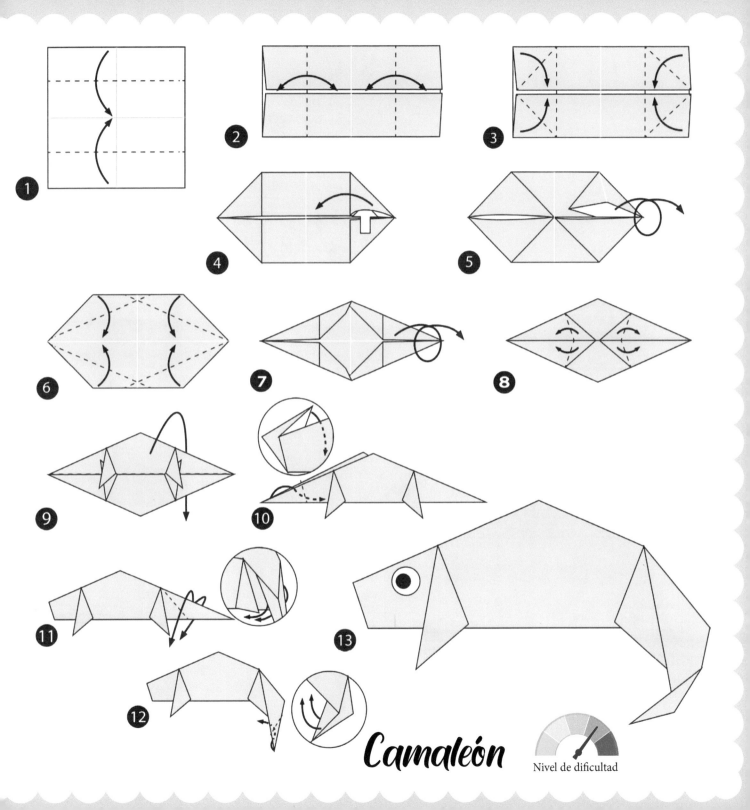

Camaleón

Nivel de dificultad

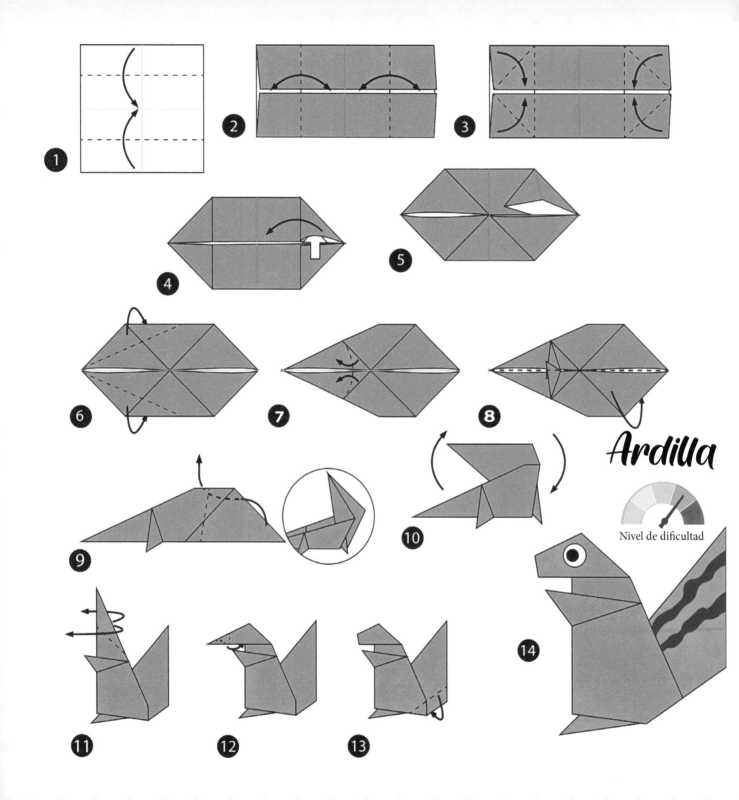

Ardilla

Nivel de dificultad

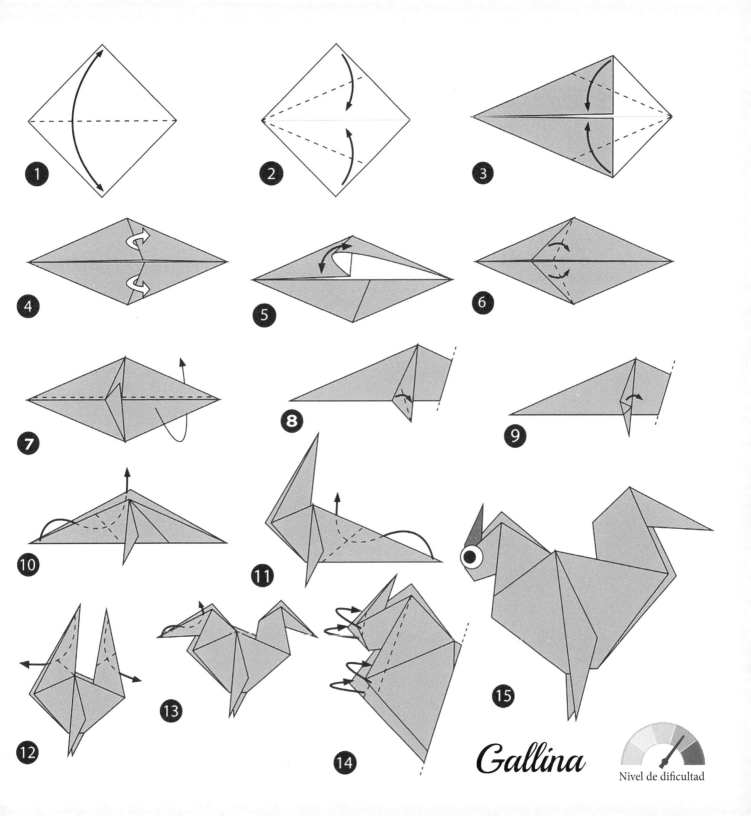

Gallina

Nivel de dificultad

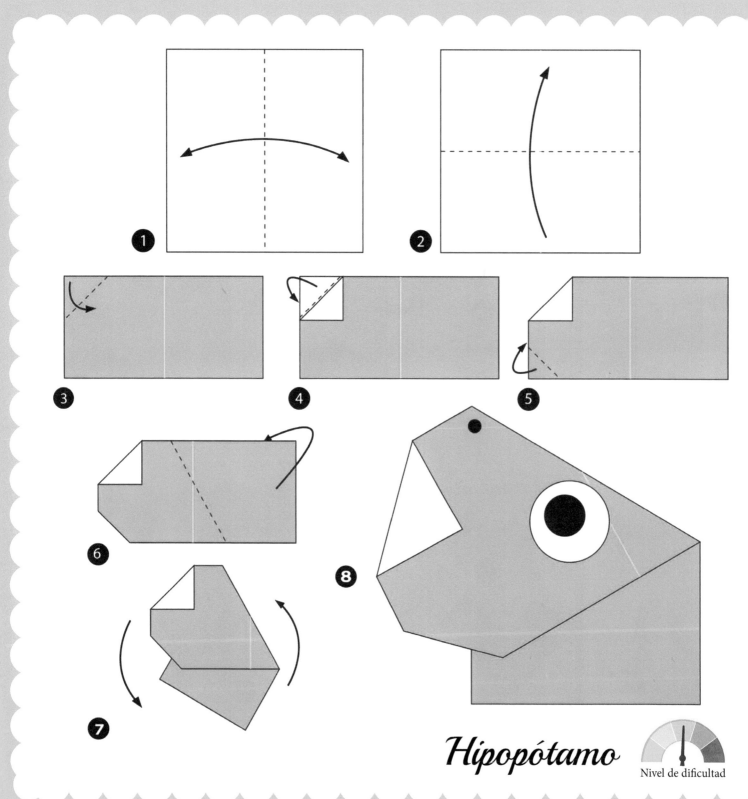

Hipopótamo

Nivel de dificultad

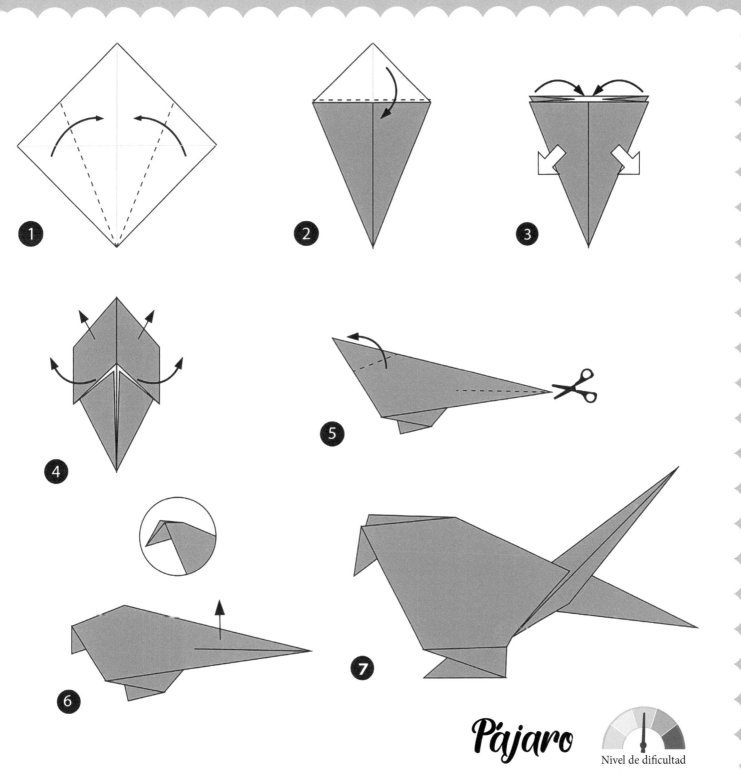

Pájaro

Nivel de dificultad

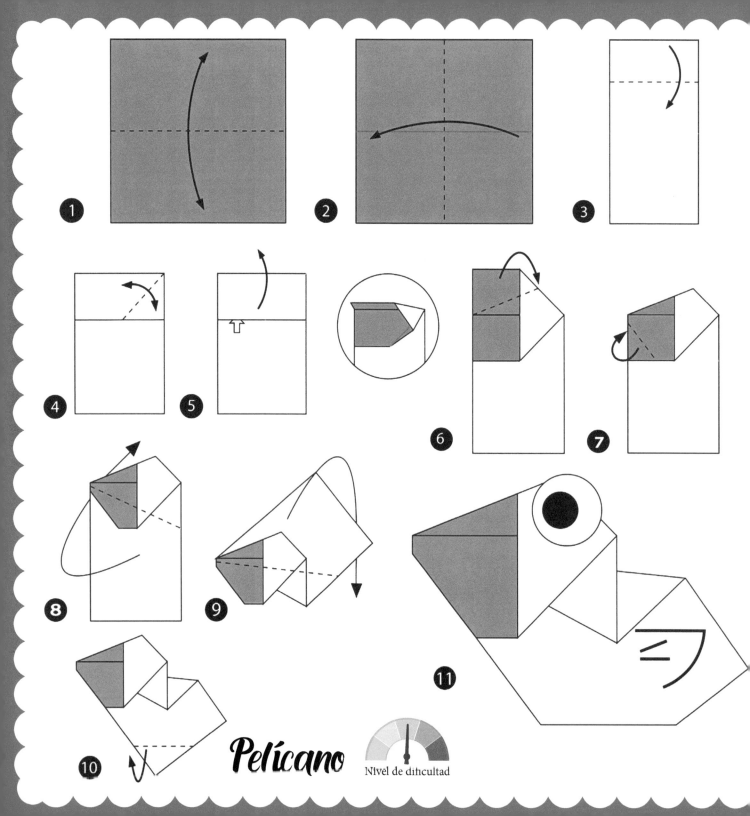

Pelícano

Nivel de dificultad

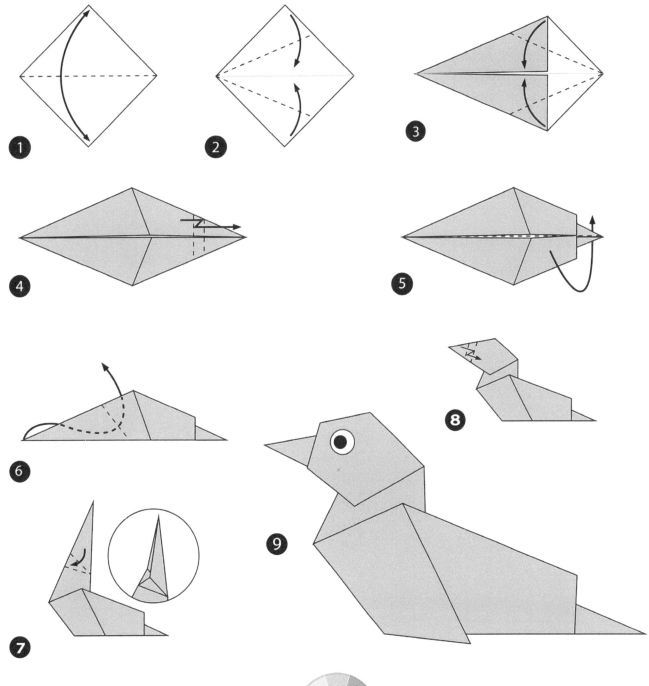

Pato

Nivel de dificultad

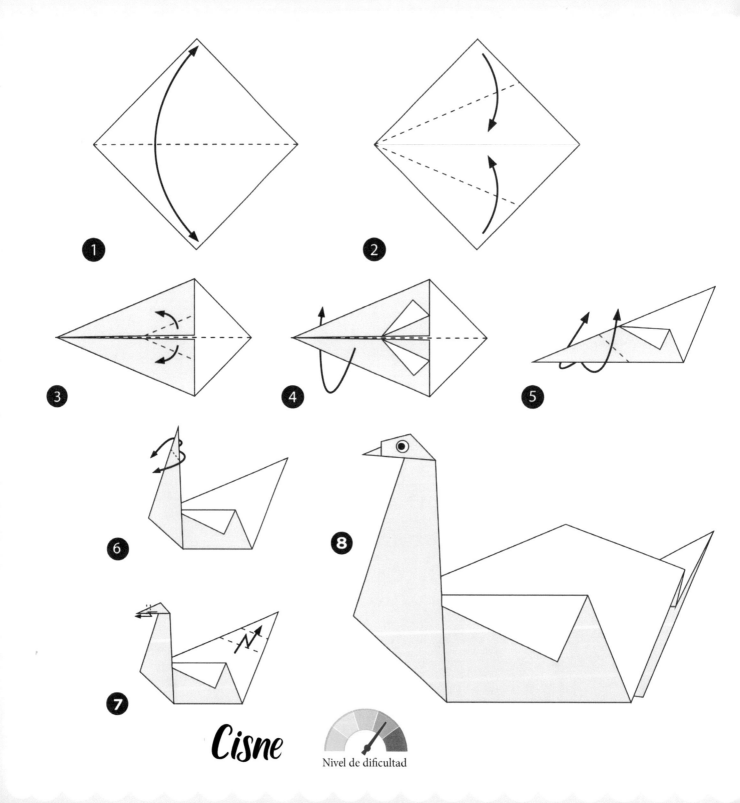

Cisne

Nivel de dificultad

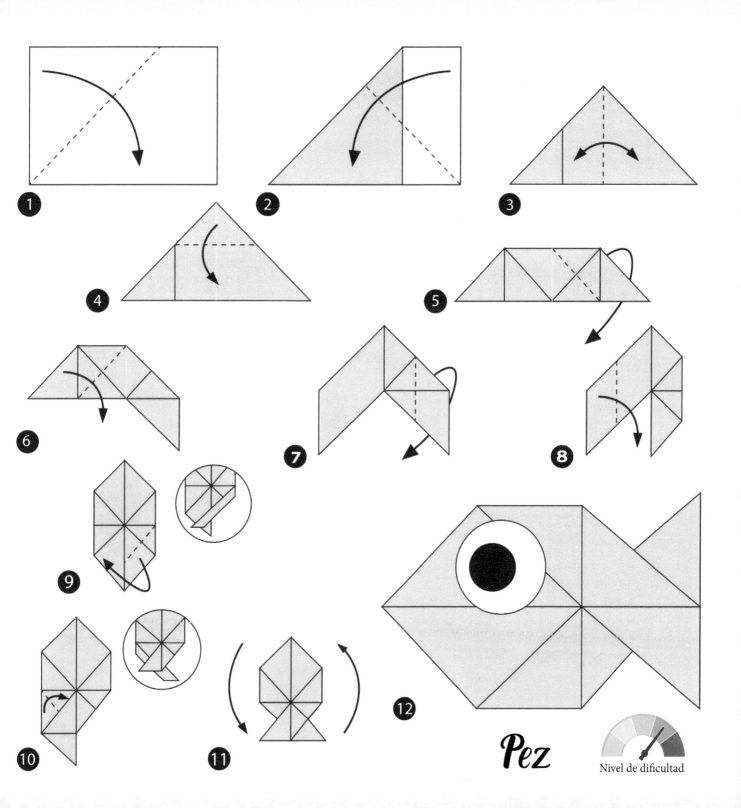

Pez

Nivel de dificultad

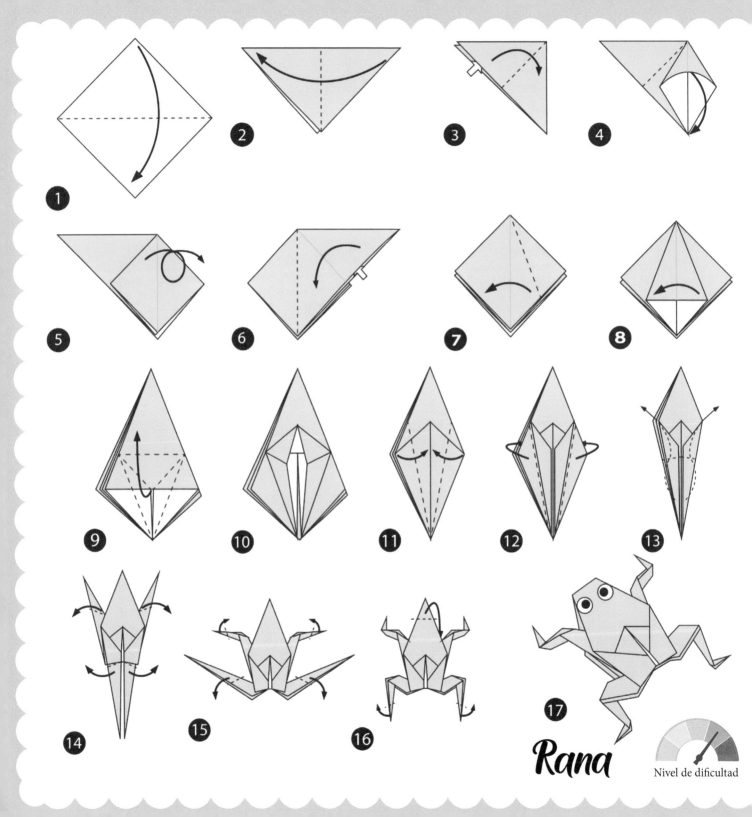

Rana

Nivel de dificultad

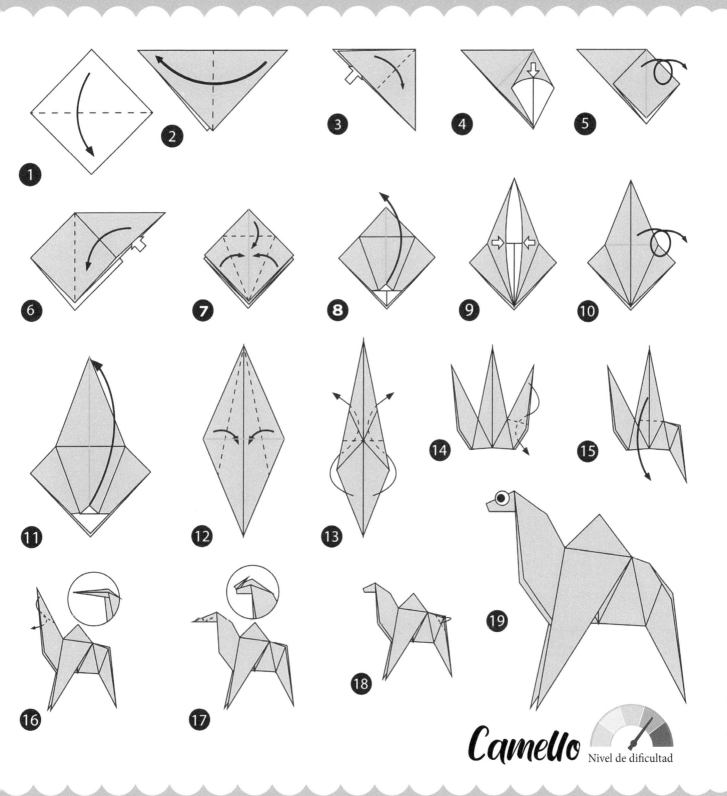

Camello

Nivel de dificultad

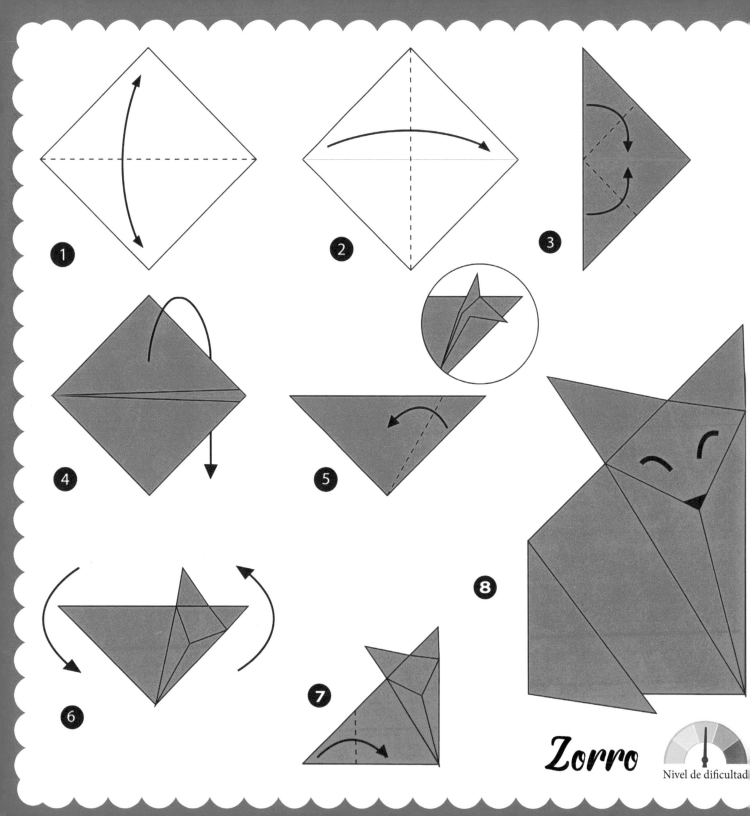

1

2

3

4

5

6

7

8

Zorro

Nivel de dificultad

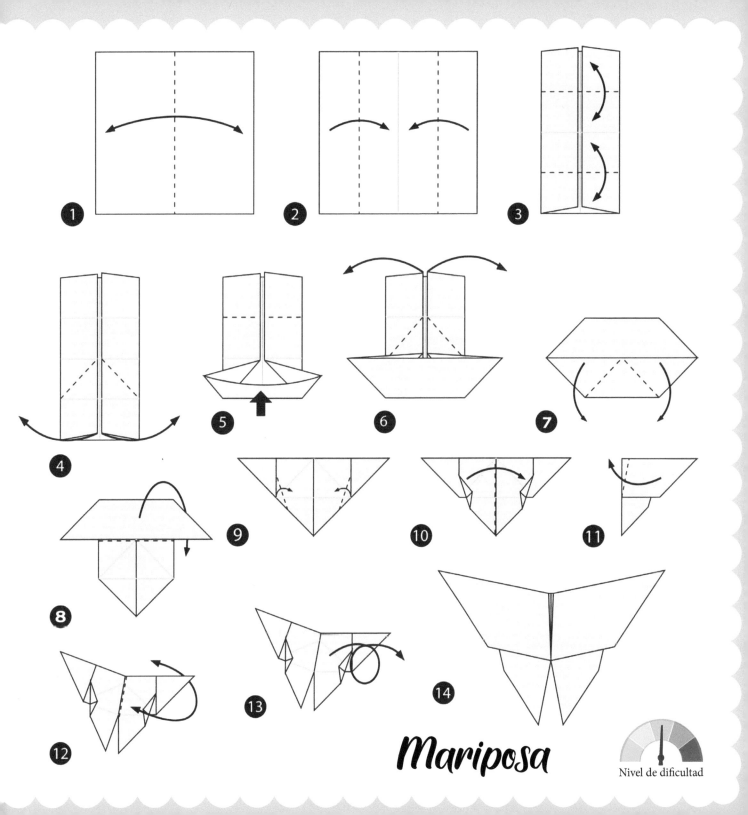

Mariposa

Nivel de dificultad

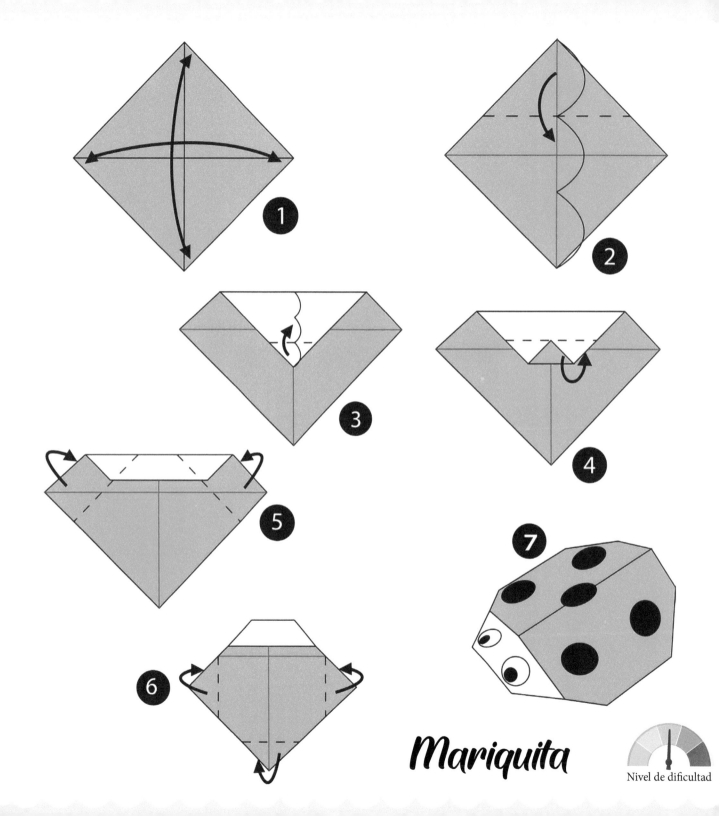

Mariquita

Nivel de dificultad

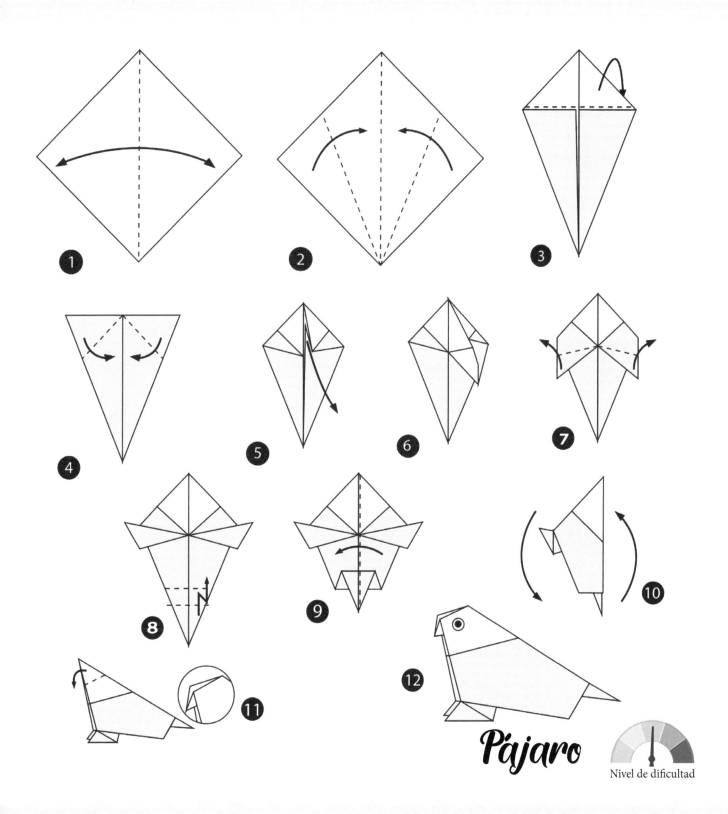

Pájaro

Nivel de dificultad

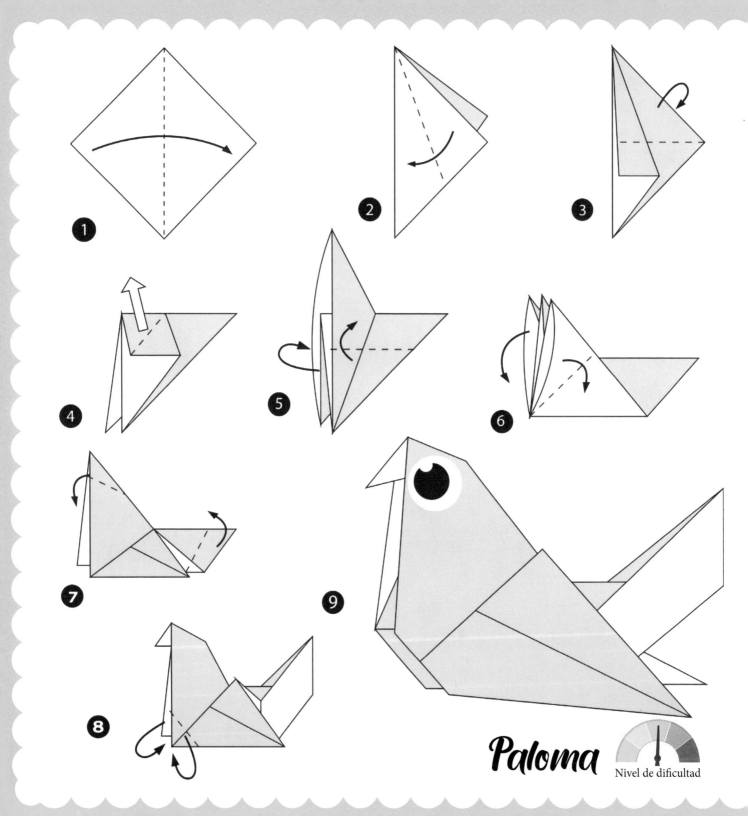

Paloma

Nivel de dificultad

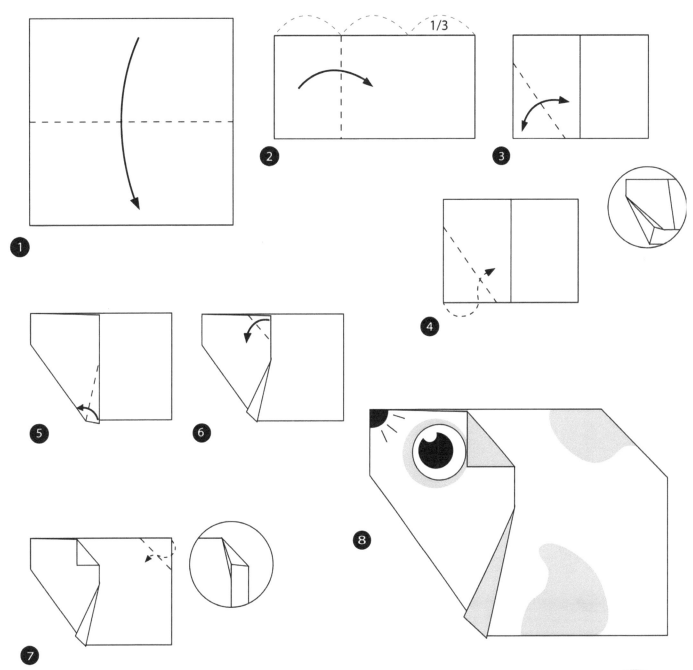

1/3

1

2

3

4

5

6

7

8

Conejillo de indias

Nivel de dificultad

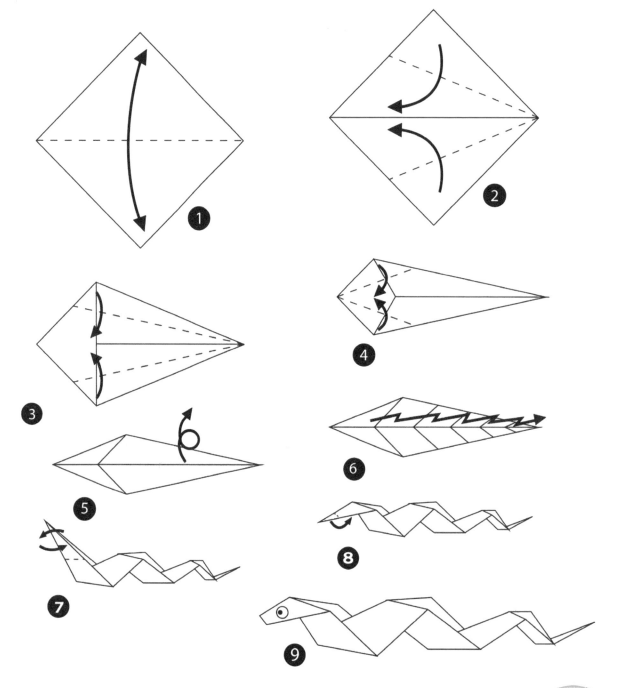

Serpiente

Nivel de dificultad